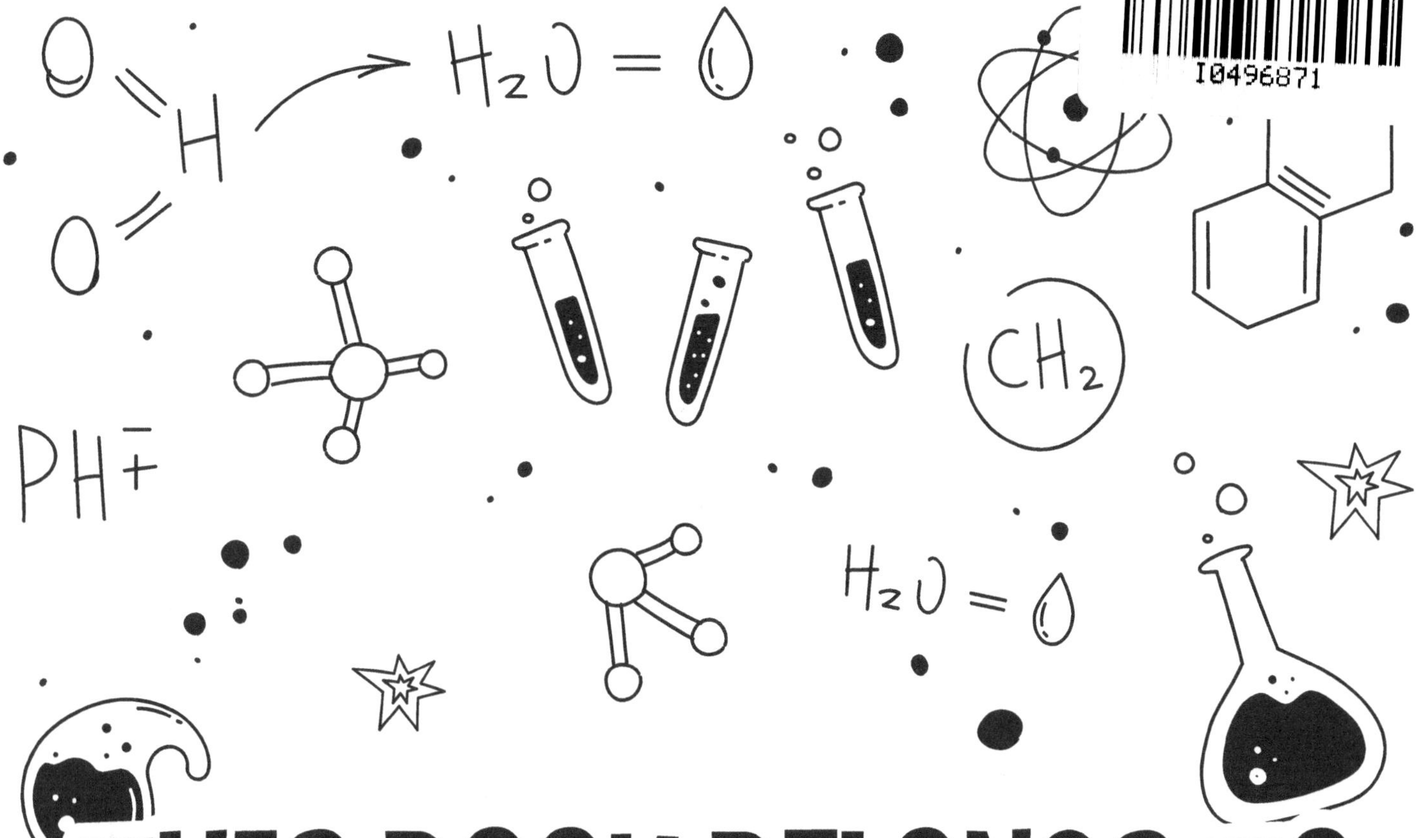

THIS BOOK BELONGS TO

____

____

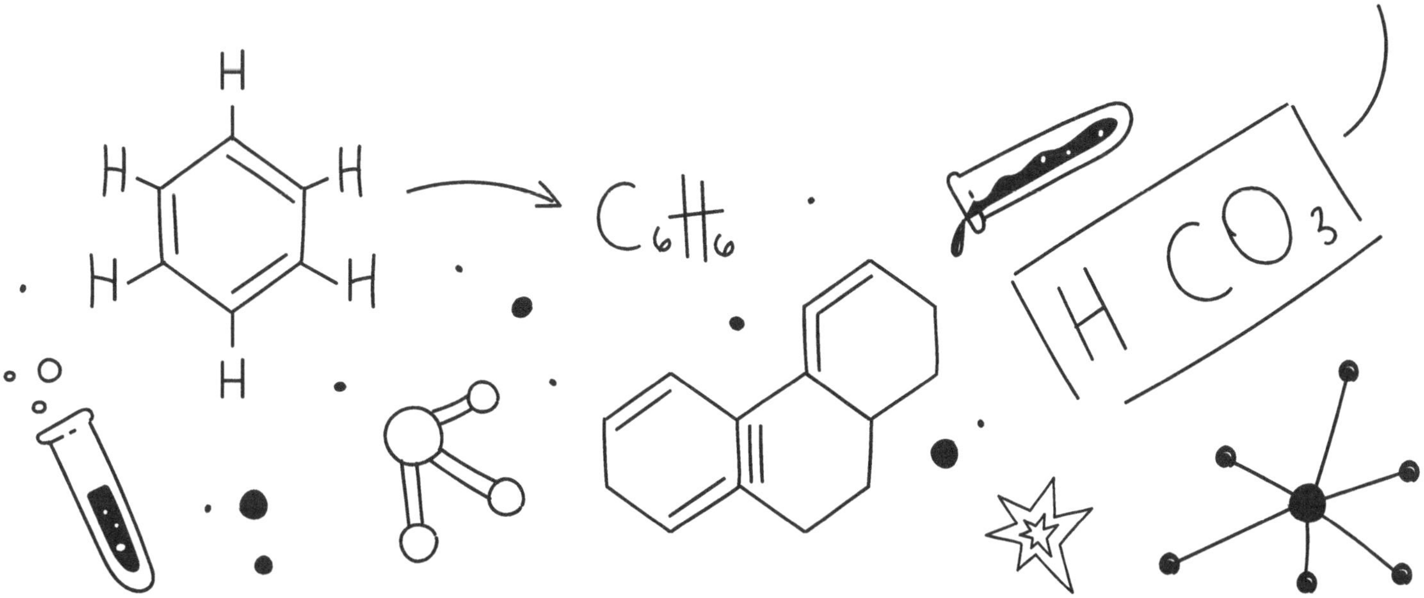

CO_2

O2

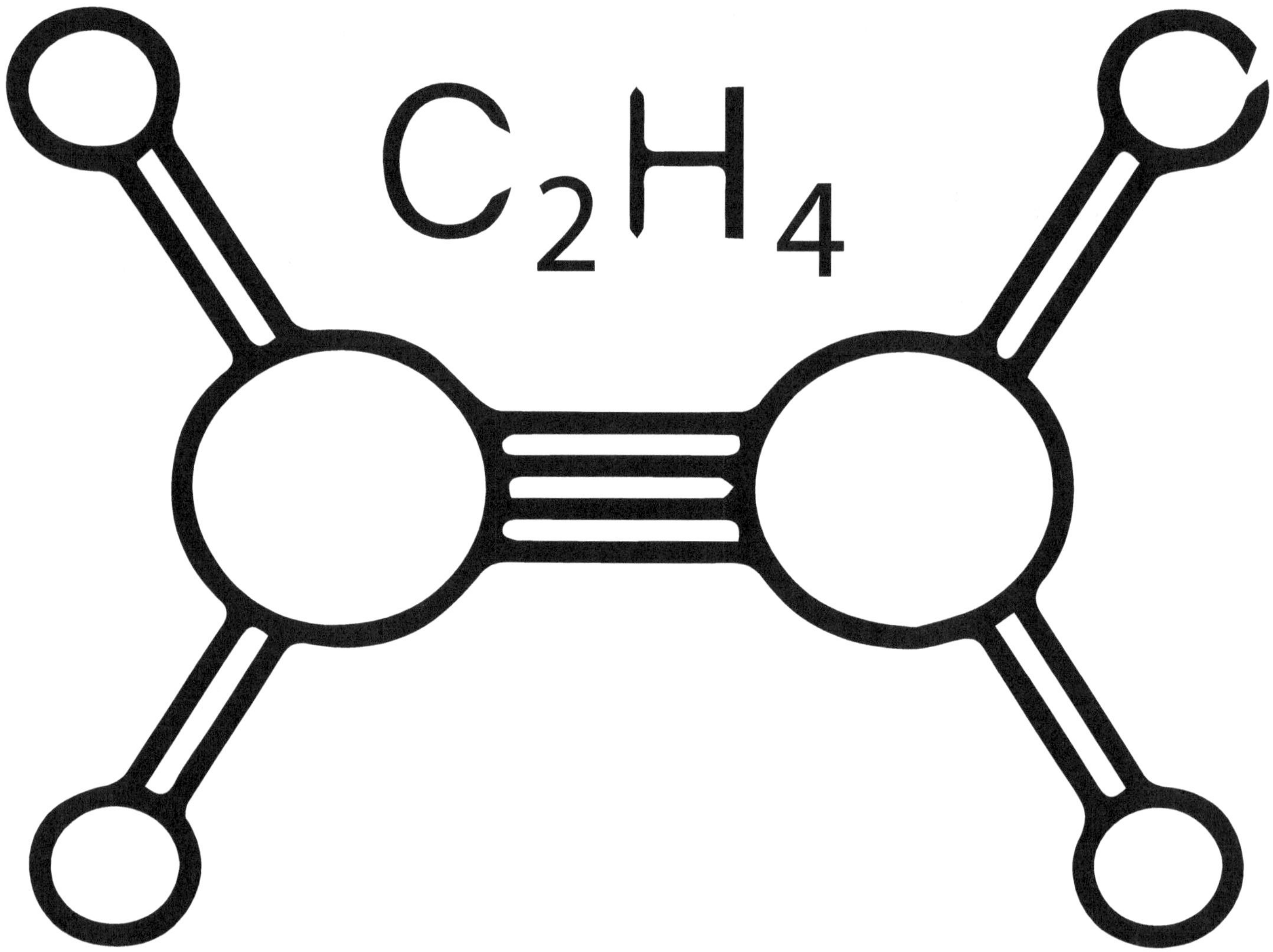
C_2H_4

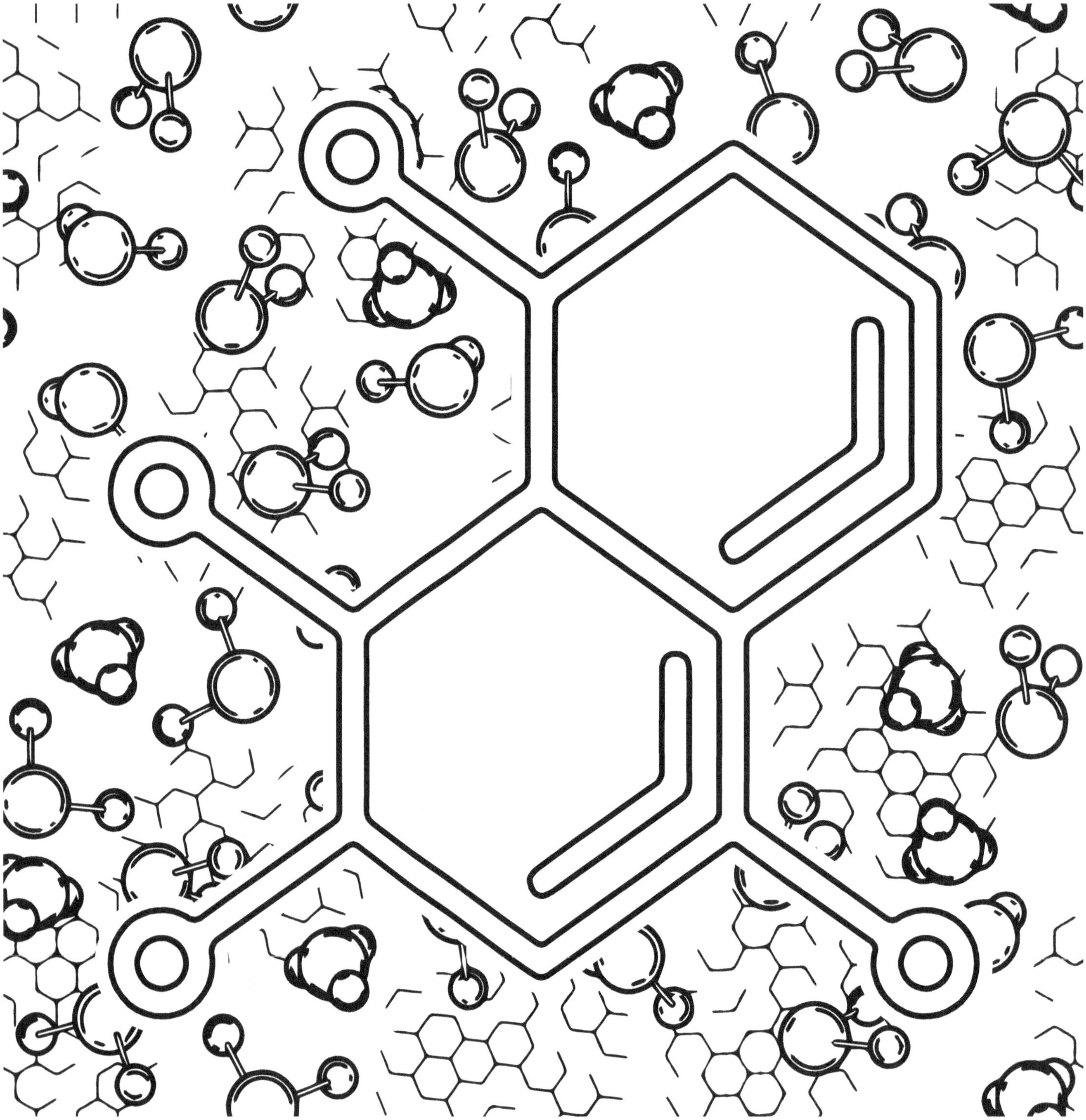

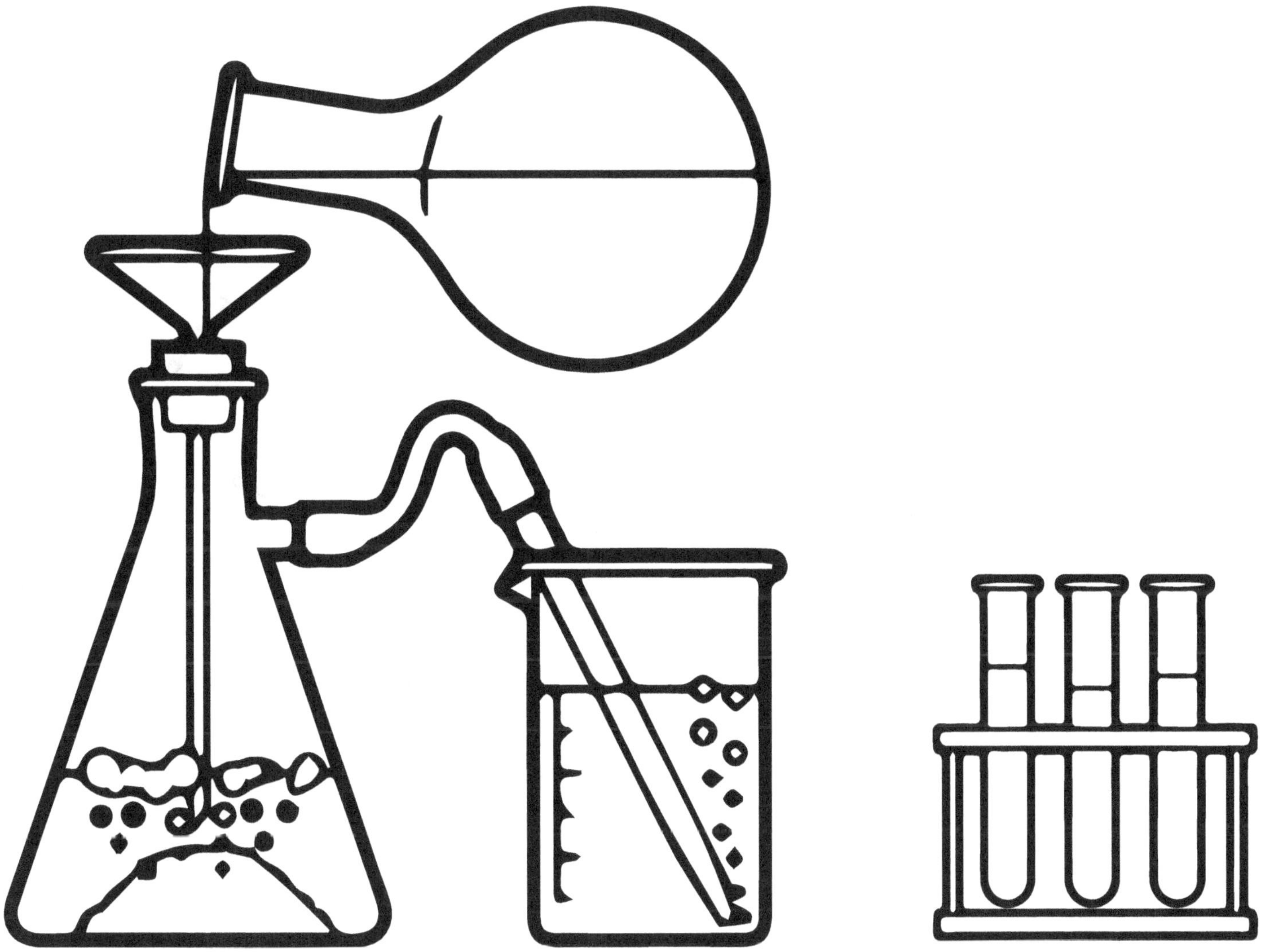

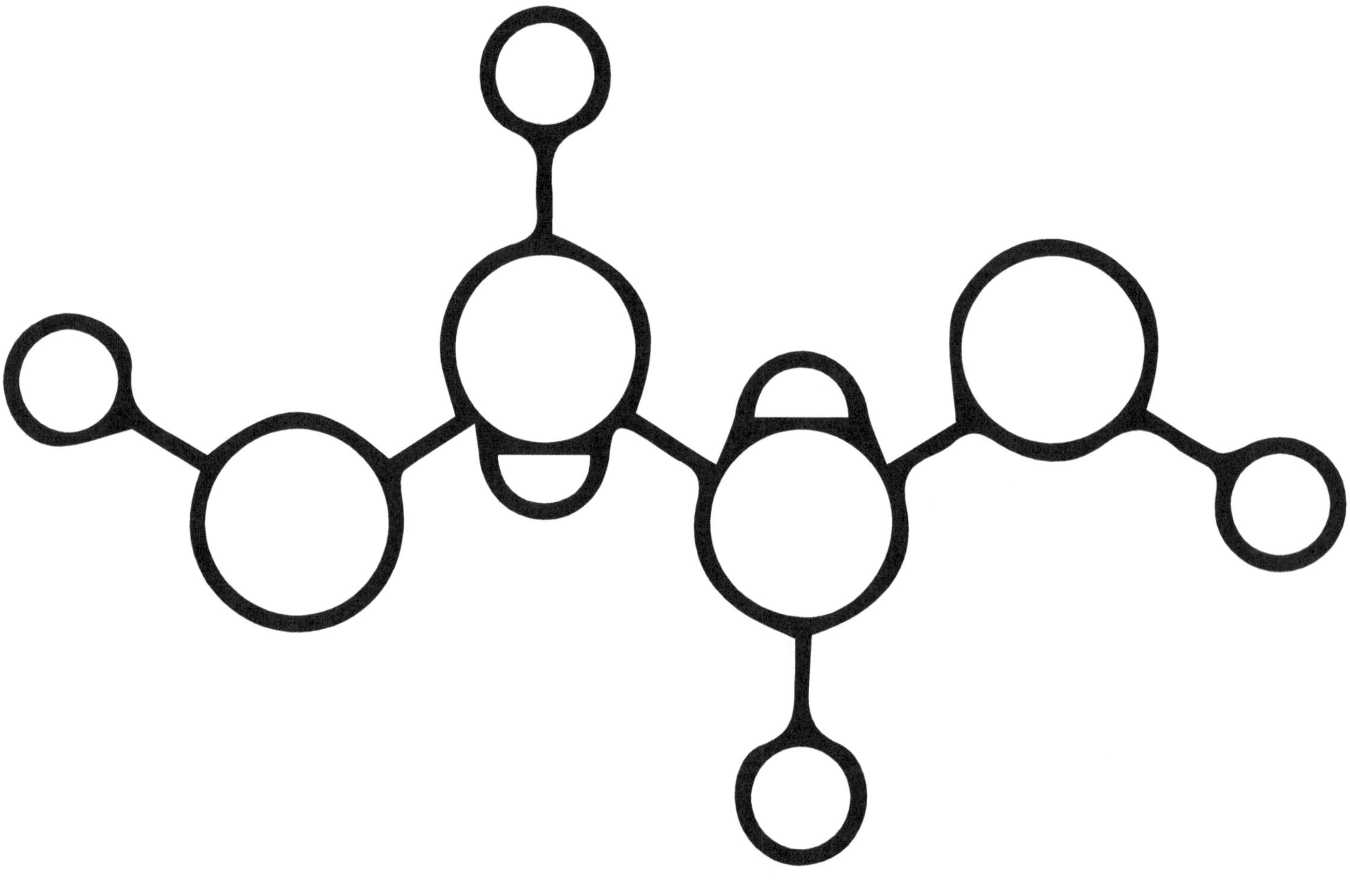

hydrogen bond

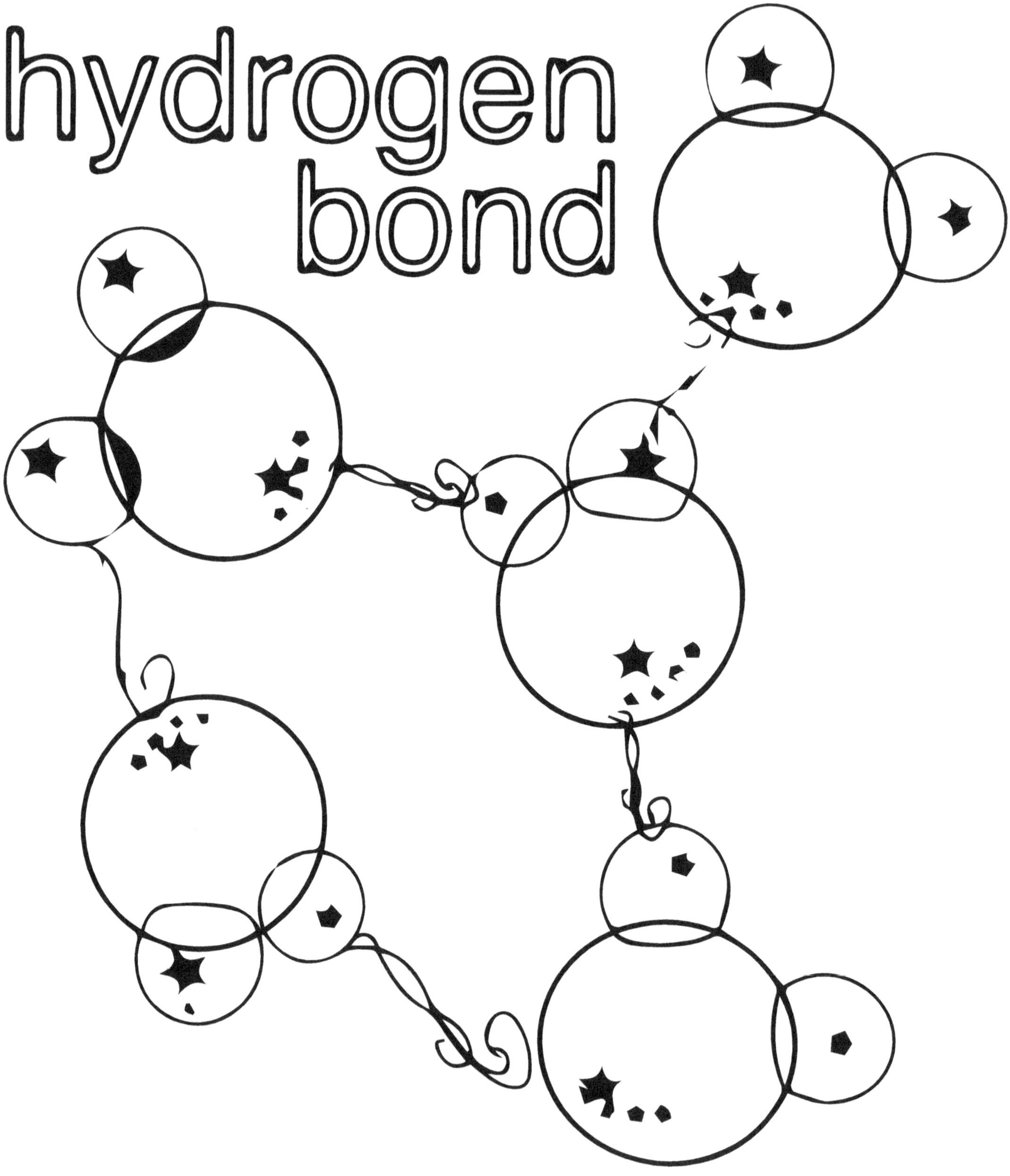

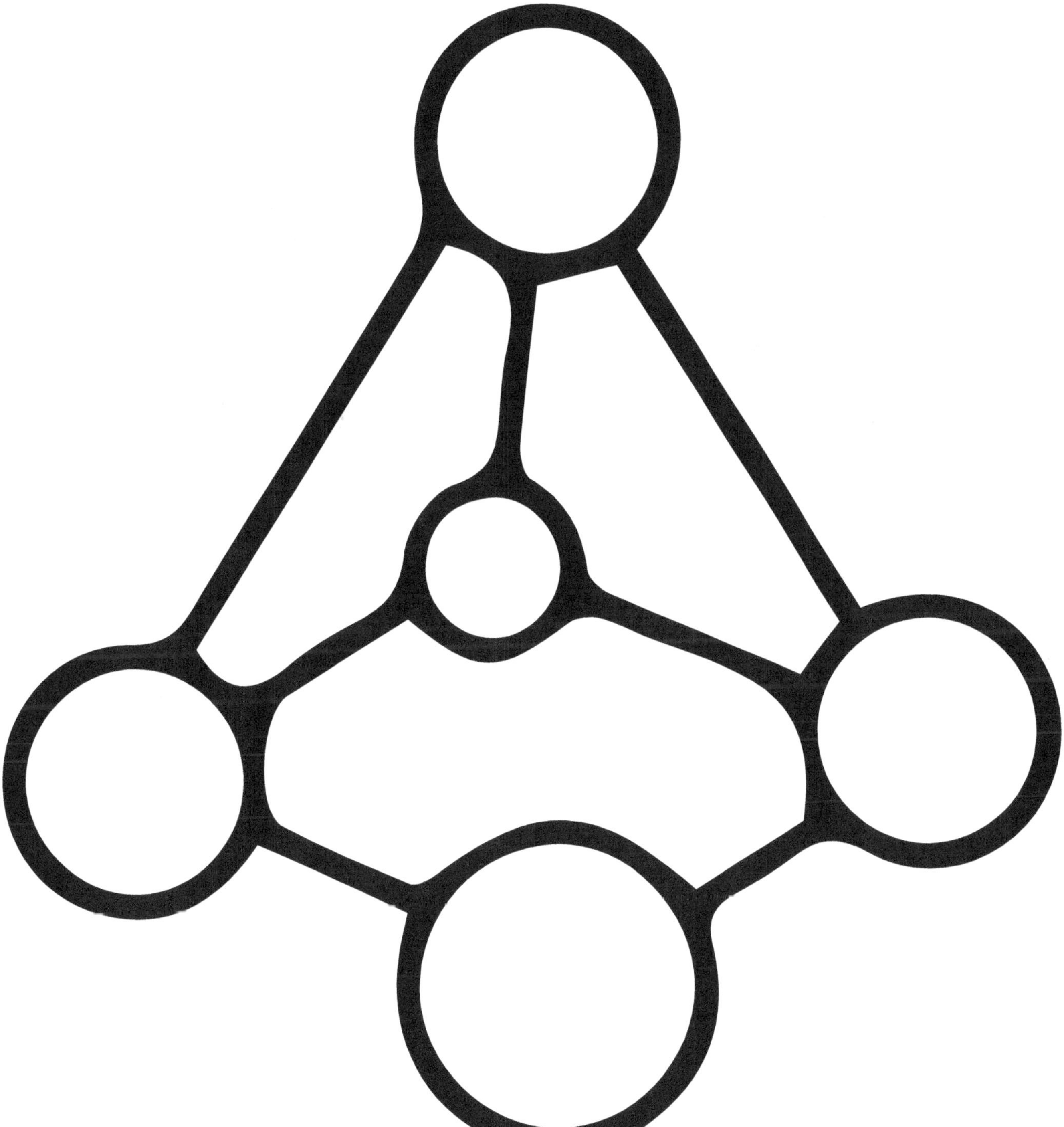

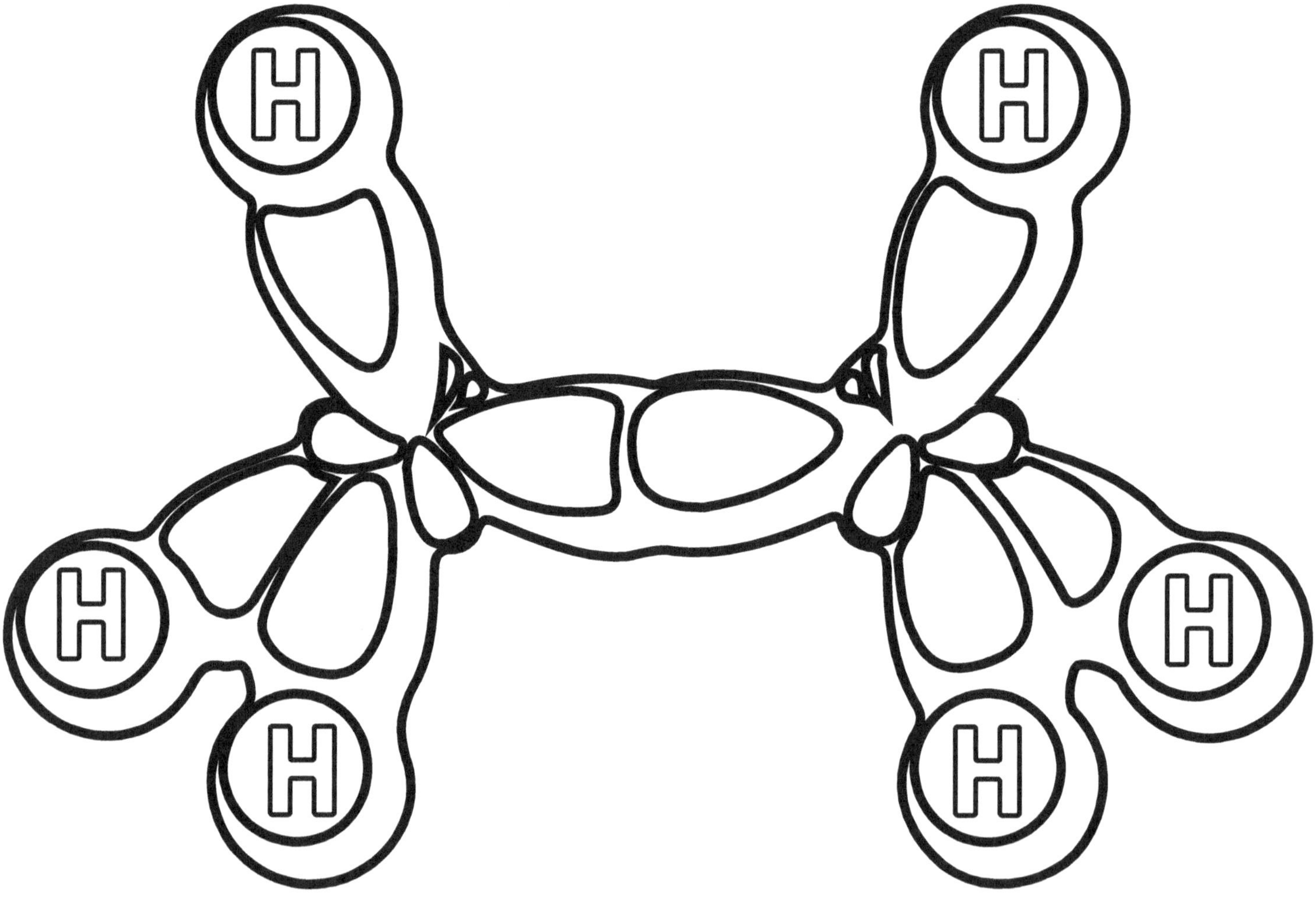
H
H
H
H
H
H

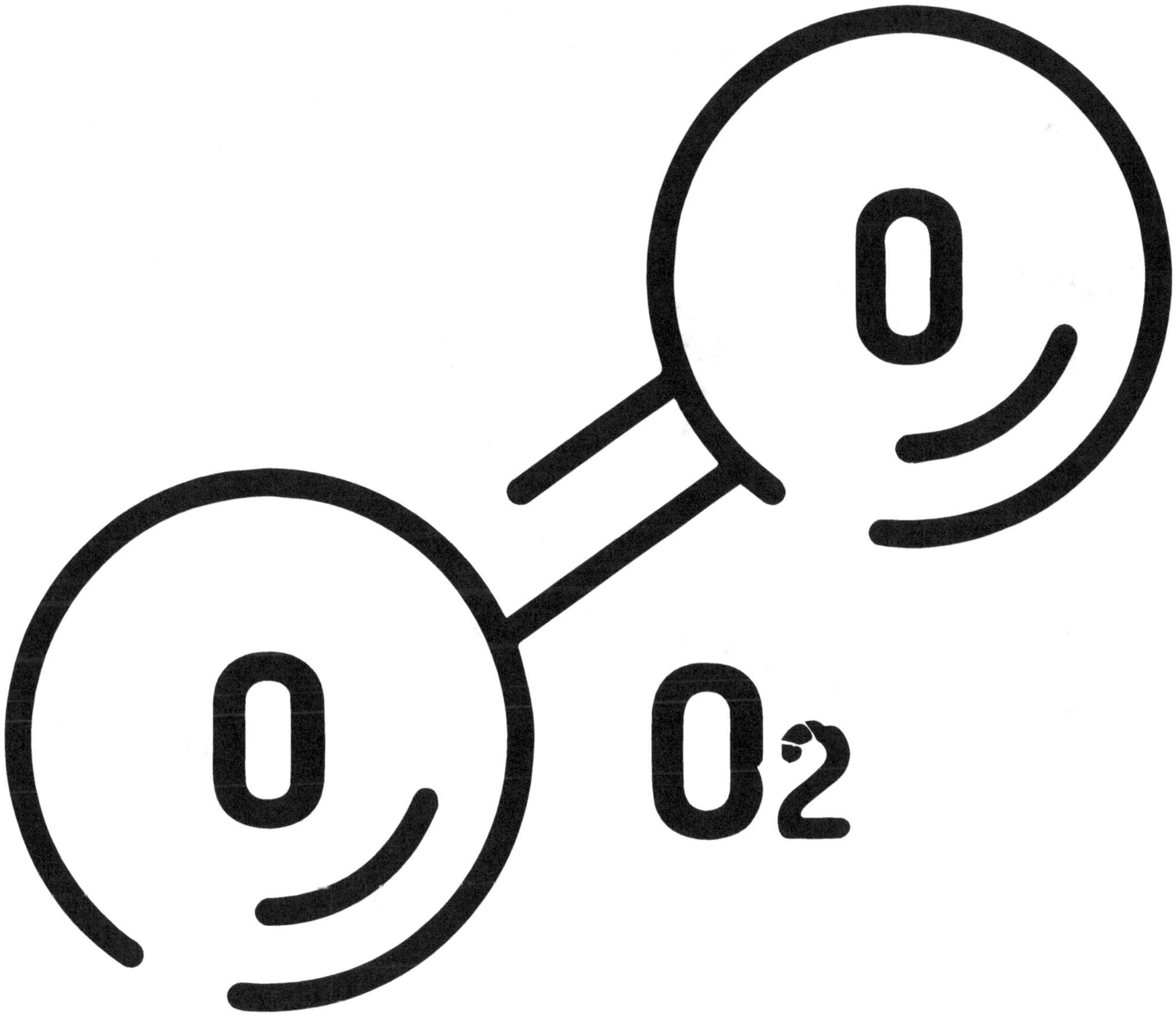
O
O
O2

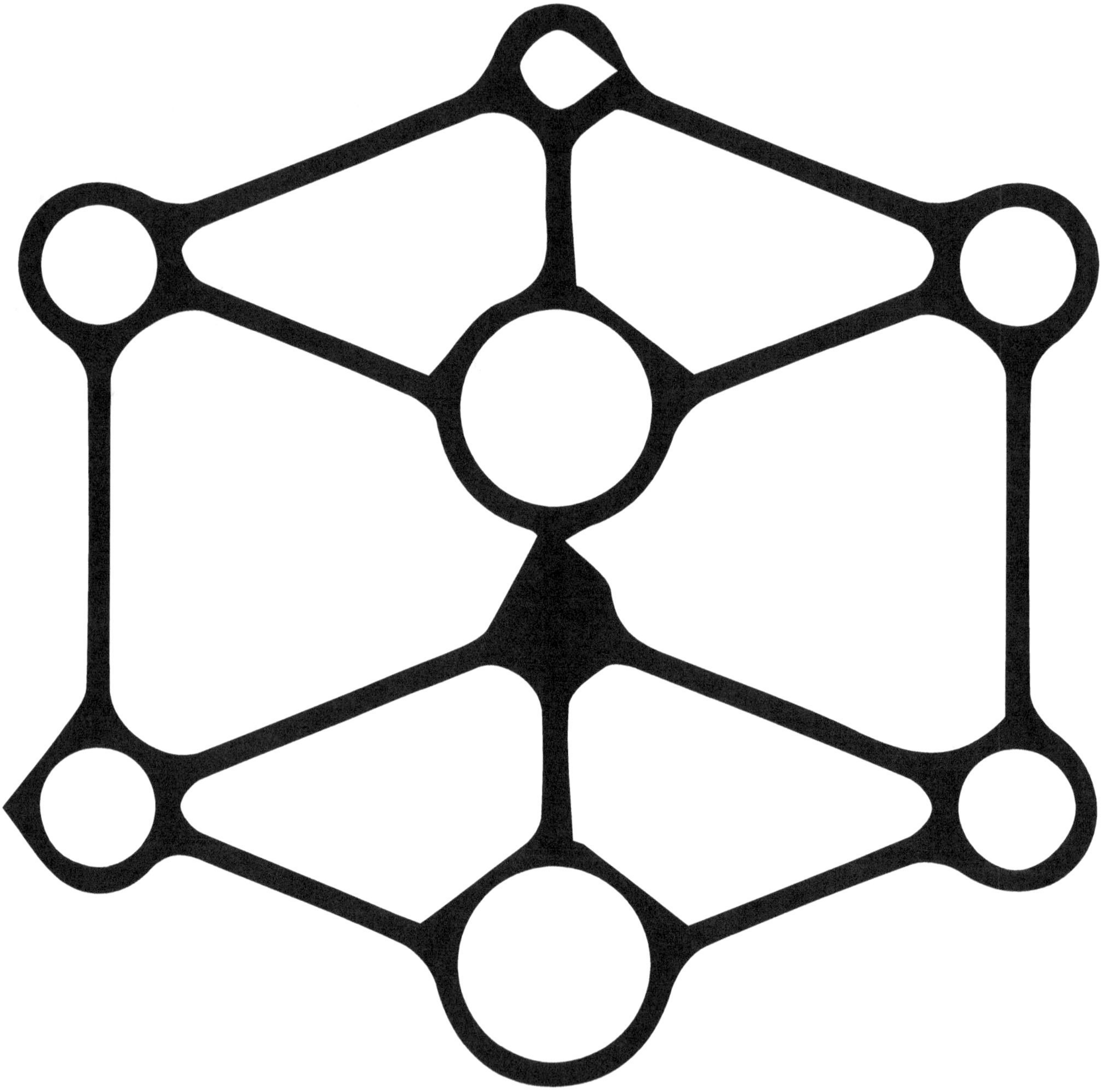

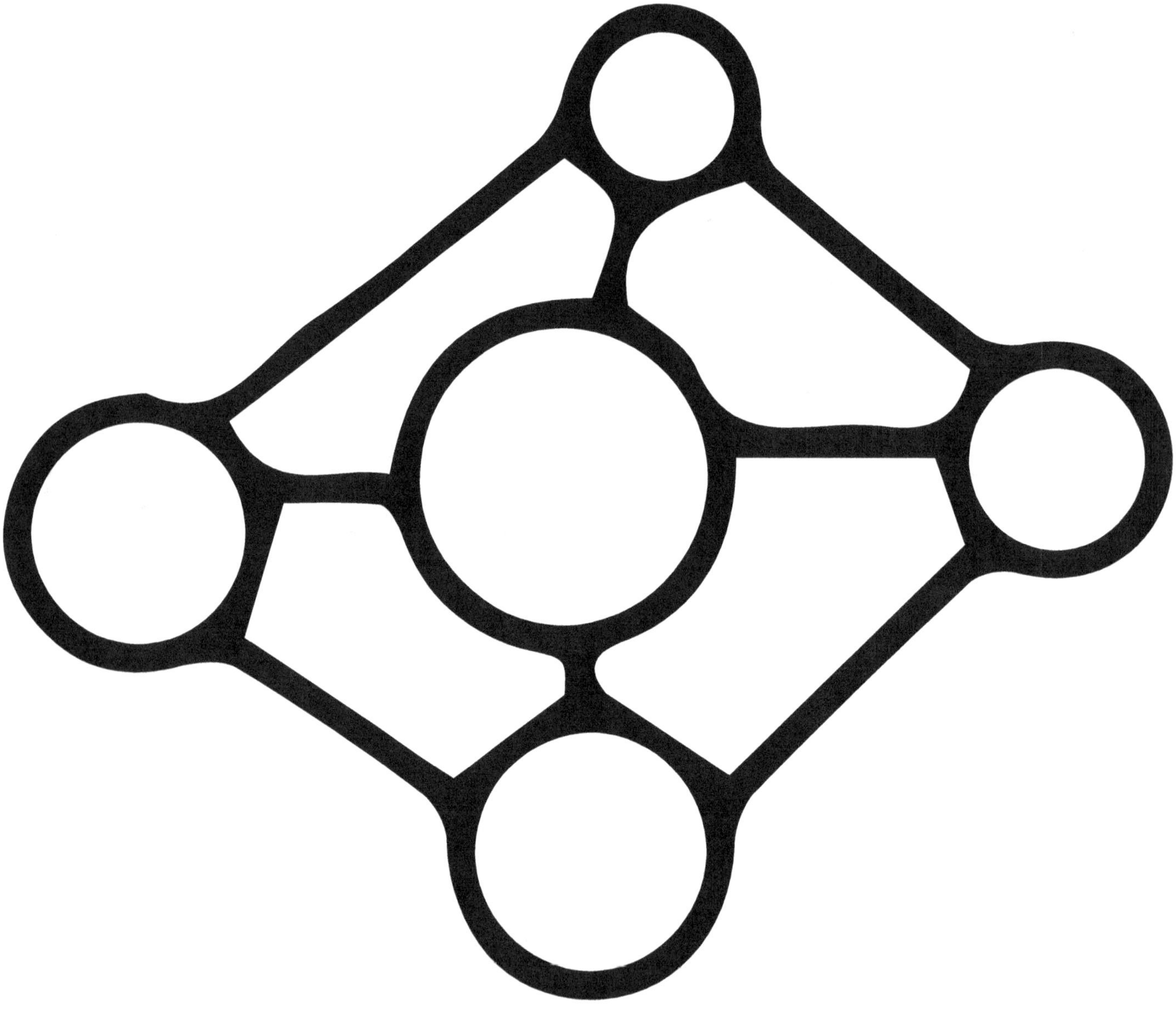

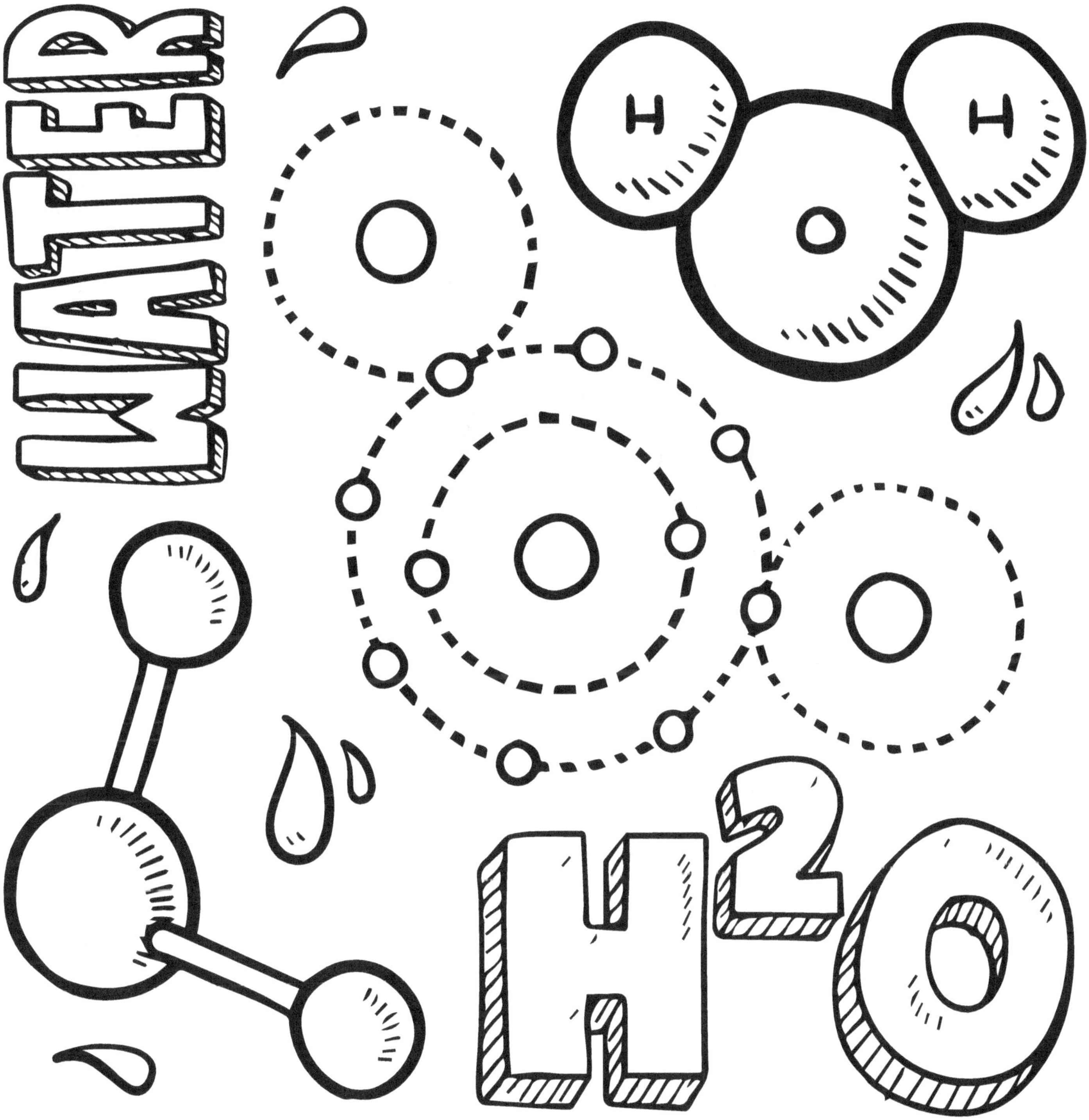

WATER
H
H
O
H2O

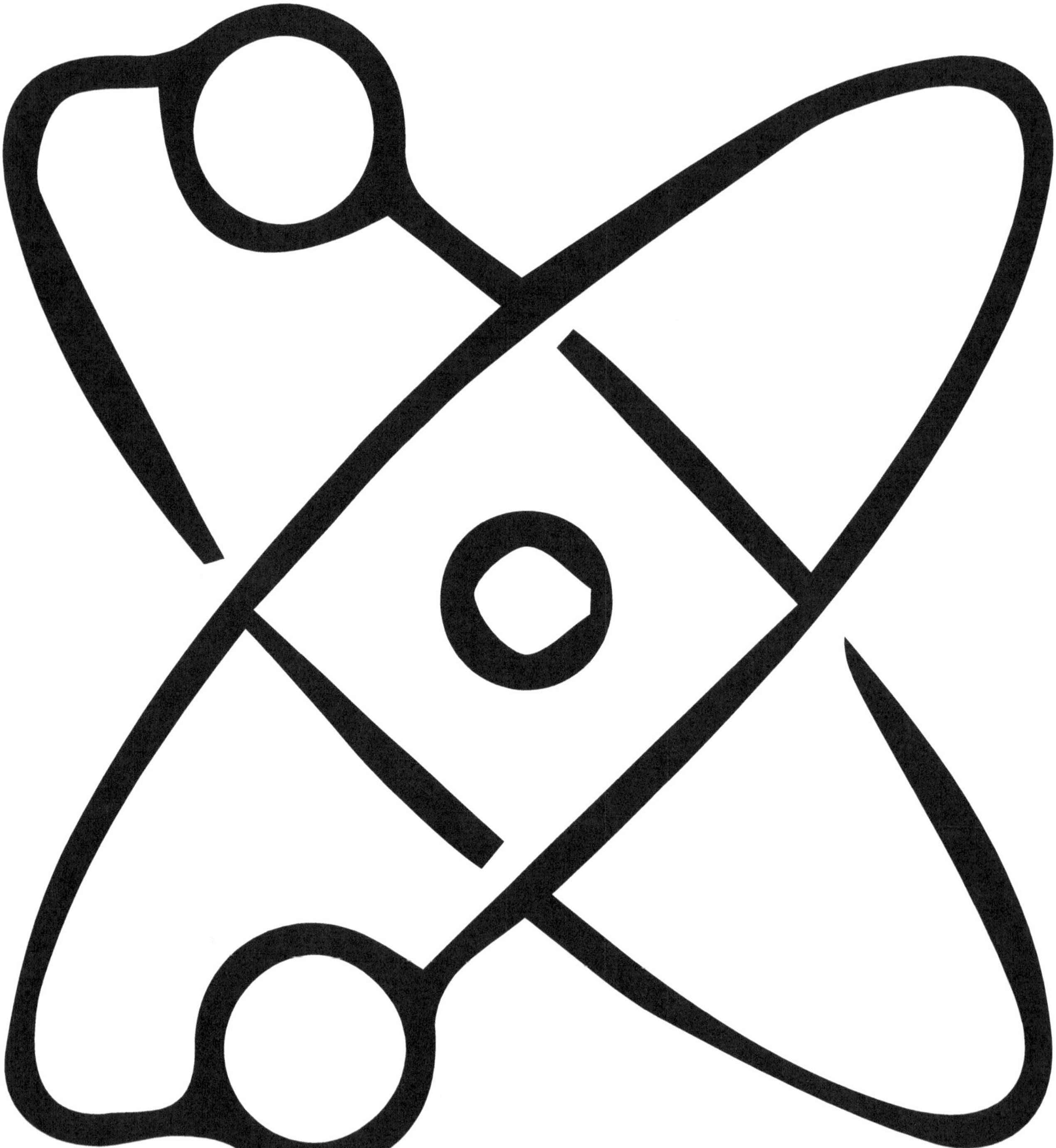

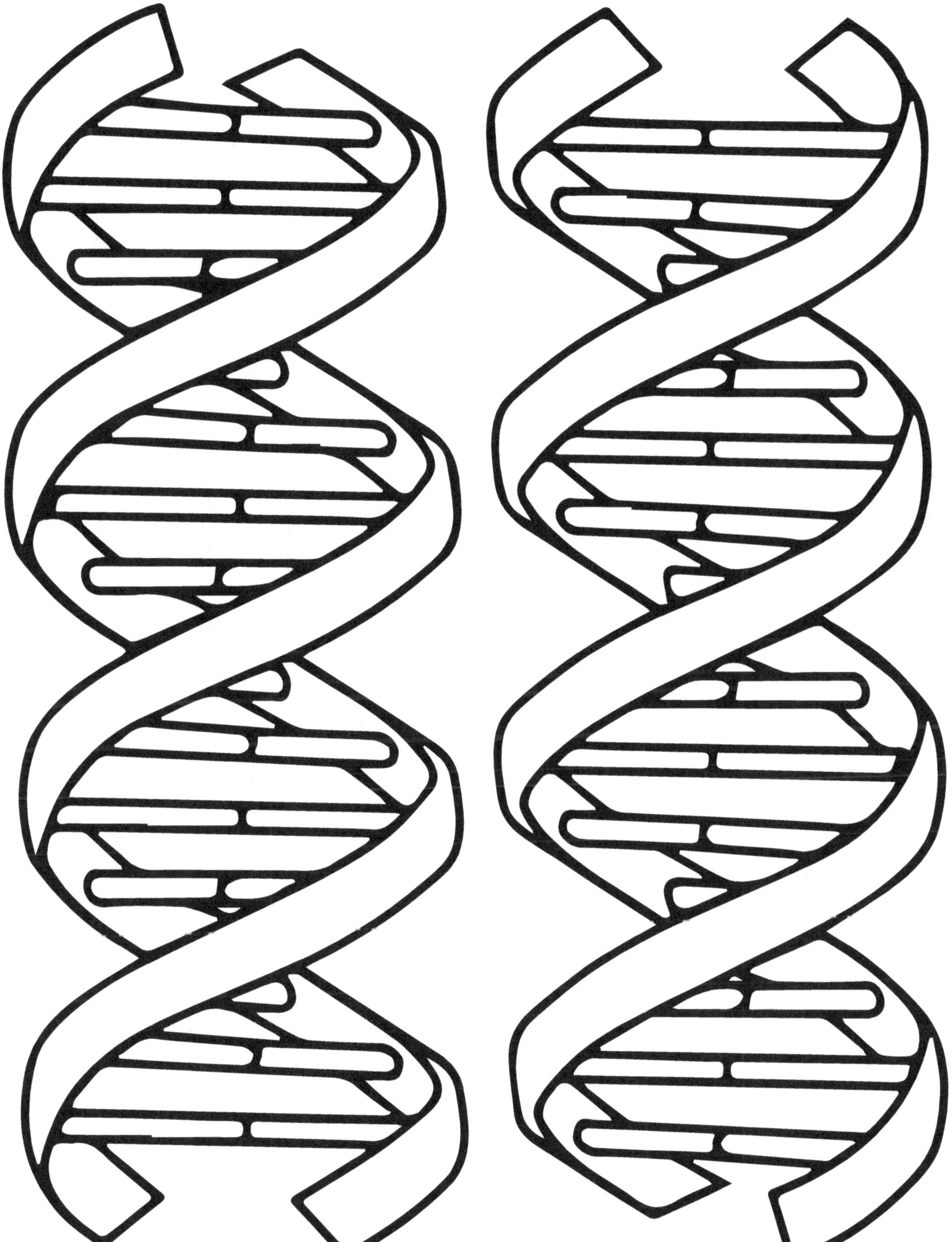

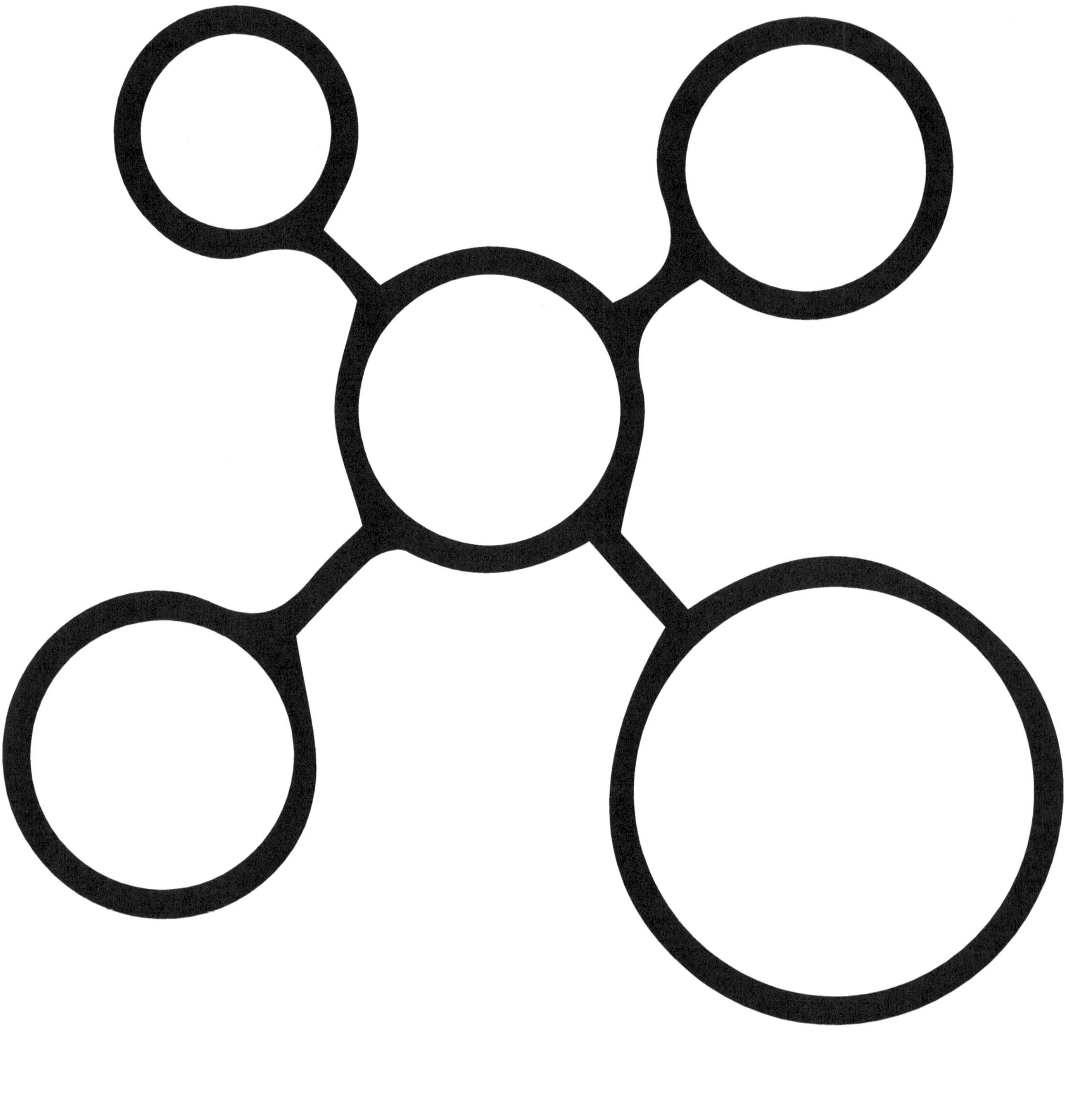

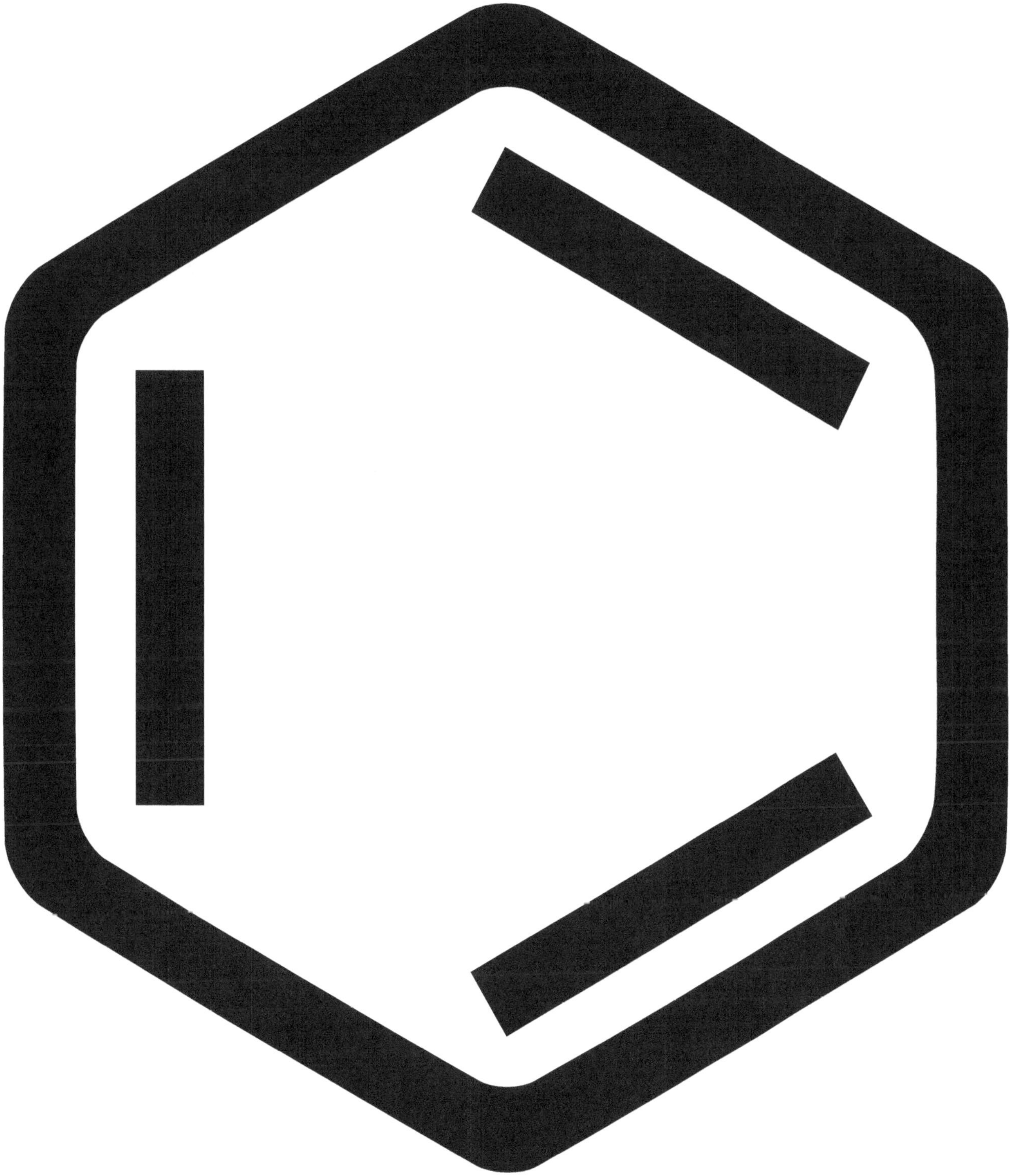

www.ingramcontent.com/pod-product-compliance
Lightning Source LLC
Chambersburg PA
CBHW080439220526
45465CB00009B/3349
9798740419220